Impressum
Verlag: BABADADA GmbH, Nedderfeld 112 , 22529 Hamburg
Geschäftsführer / Verlagsleitung: Harald Hof
Druck: Books on Demand GmbH, In de Tarpen 42, 22848 Norderstedt

Imprint
Publisher: BABADADA GmbH, Nedderfeld 112 , 22529 Hamburg, Germany
Managing Director / Publishing direction: Harald Hof
Print: Books on Demand GmbH, In de Tarpen 42, 22848 Norderstedt, Germany

school
escuela

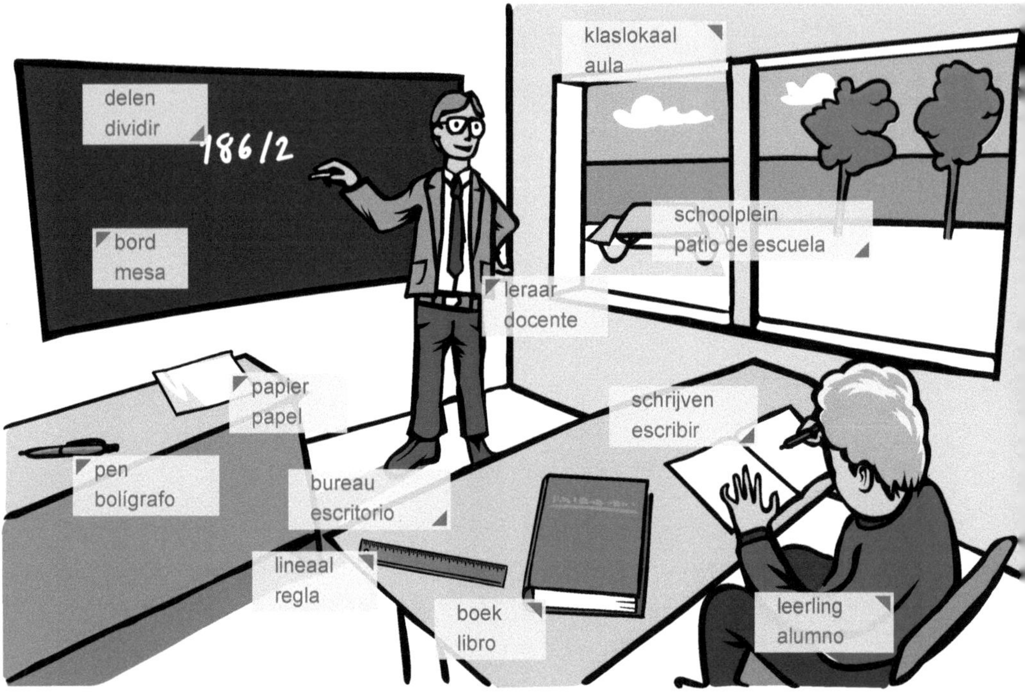

klaslokaal
aula
delen
dividir
186/2
schoolplein
patio de escuela
bord
mesa
leraar
docente
papier
papel
schrijven
escribir
pen
bolígrafo
bureau
escritorio
lineaal
regla
boek
libro
leerling
alumno

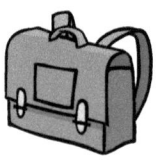

schooltas
mochila escolar

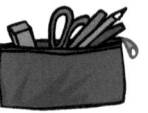

etui
caja de lápices

potlood
lápiz

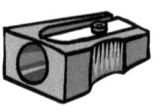

puntenslijper
sacapuntas

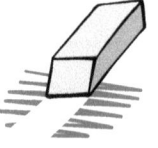

gum
goma de borrar

schetsblok
bloc de dibujo

tekening
dibujo

penseel
pincel

verfdoos
caja de pinturas

schaar
tijera

lijm
pegamento

schrift
libro de ejercicios

huiswerk
tarea

getal
número

optellen
sumar

aftrekken
restar

vermenigvuldigen
multiplicar

rekenen
calcular

letter
letra

alfabet
alfabeto

woord
palabra

tekst
texto

lezen
leer

krijt
tiza

les
lección

klassenboek
libro de clase

examen
examen

diploma
certificado

schooluniform
uniforme escolar

opleiding
educación

encyclopedie
enciclopedia

universiteit
universidad

microscoop
microscopio

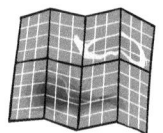

kaart
mapa

prullenmand
cesto de papeles

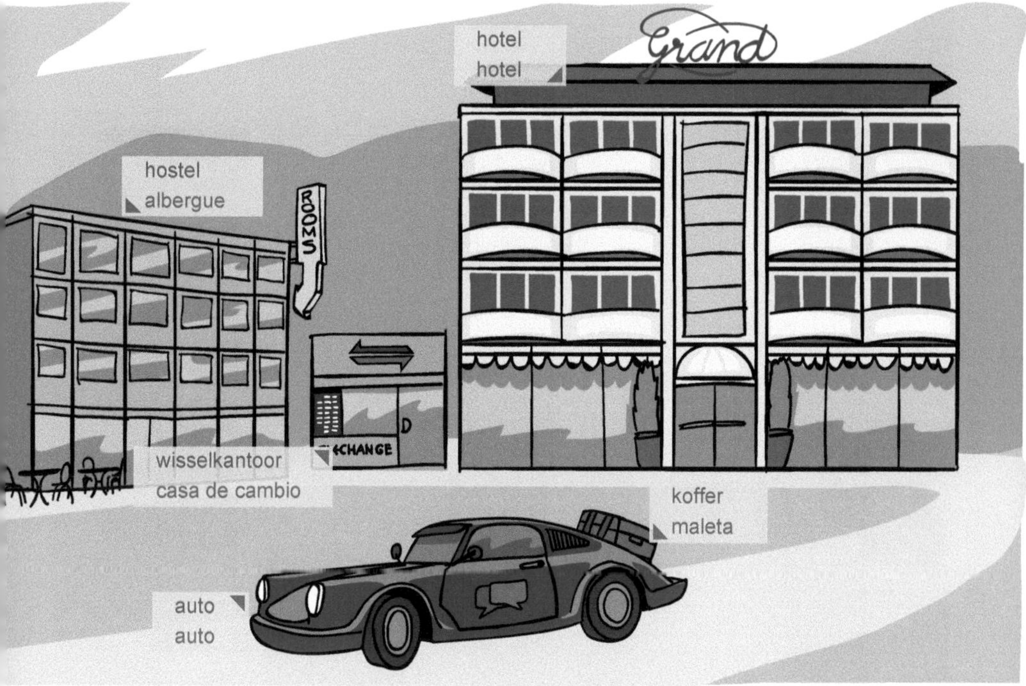

hotel
hotel
Grand
hostel
albergue
ROOMS
EXCHANGE
wisselkantoor
casa de cambio
koffer
maleta
auto
auto

taal
idioma

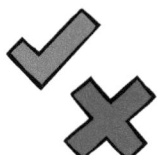

ja / nee
sí / no

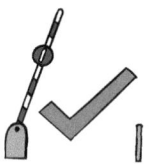

oké
ok

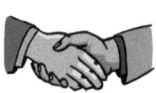

Hallo!
hola

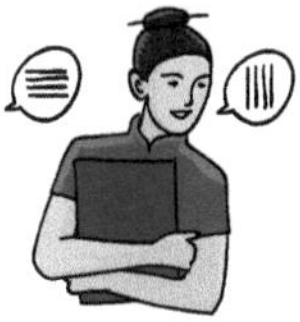

tolk
intérprete

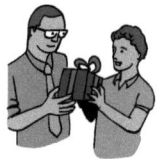

Bedankt.
gracias

Wat kost ...?

¿Cuánto cuesta...?

Ik begrijp het niet.

No entiendo

probleem

problema

Goedenavond!

¡Buenas tardes!

Goedemorgen!

¡Buenos días!

Goedenacht!

¡Buenas noches!

Tot ziens!

adiós

richting

dirección

bagage

equipaje

tas

bolso

rugzak

mochila

gast

invitado

kamer

cuarto

slaapzak

saco de dormir

tent

tienda de campaña

VVV-kantoor

información al turista

strand

playa

creditkaart

tarjeta de crédito

ontbijt

desayuno

lunch

almuerzo

diner

cena

kaartje

pasaje

lift

ascensor

postzegel

sello

grens

límite

douane

aduana

ambassade

embajada

visum

visa

paspoort

pasaporte

transport
transporte

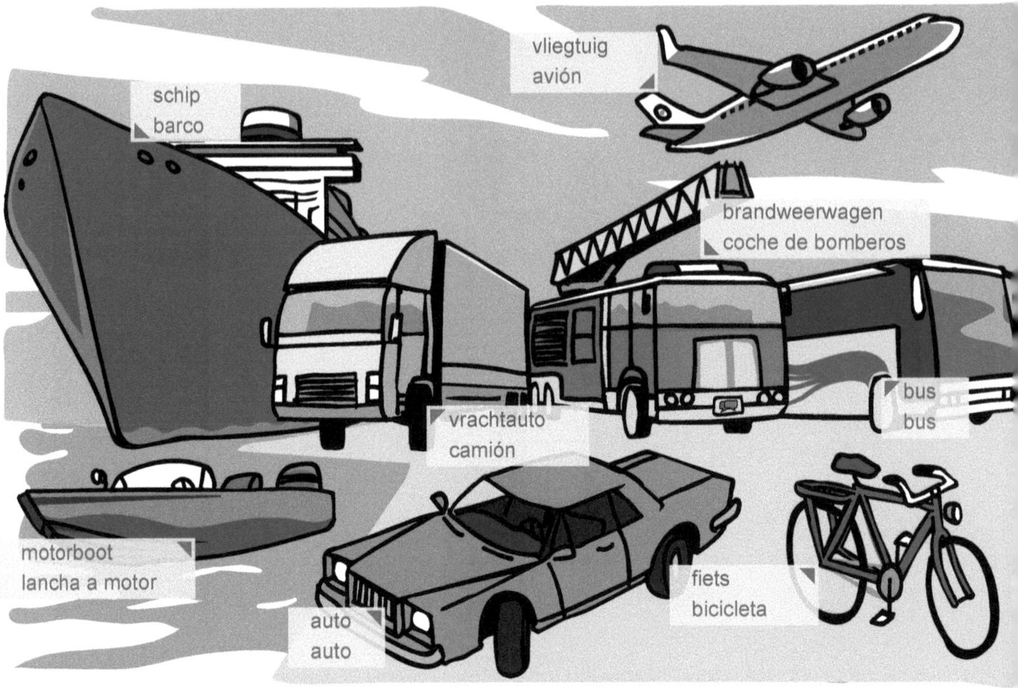
vliegtuig
avión
schip
barco
brandweerwagen
coche de bomberos
bus
bus
vrachtauto
camión
motorboot
lancha a motor
fiets
bicicleta
auto
auto

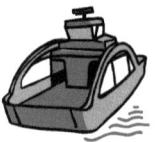

veerboot

balsa

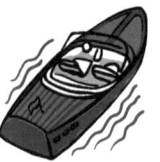

boot

lancha

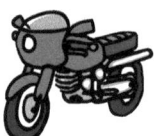

motorfiets

motocicleta

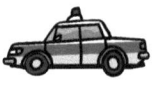

politiewagen

auto de policía

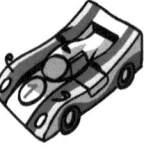

raceauto

auto de carreras

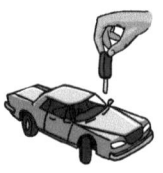

huurauto

auto de alquiler

carsharing

alquiler de autos

takelwagen

grúa

vuilniswagen

vehículo recolector de basura

motor

motor

benzine

gasolina

benzinepomp

gasolinera

verkeersbord

señal de tráfico

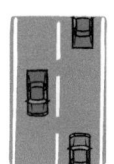

verkeer

tránsito

file

atasco

parkeerplaats

estacionamiento

station

estación de tren

rails

carril

trein

tren

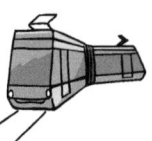

tram

tranvía

wagon

vagón

helikopter

helicóptero

luchthaven

aeropuerto

toren

torre

passagier

pasajero

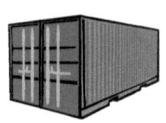

container

contenedor

verhuisdoos

caja de cartón

kar

carro

mand

cesta

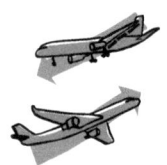

opstijgen / landen

despegar / aterrizar

stad

ciudad

dorp

aldea

stadscentrum

centro de la ciudad

huis

casa

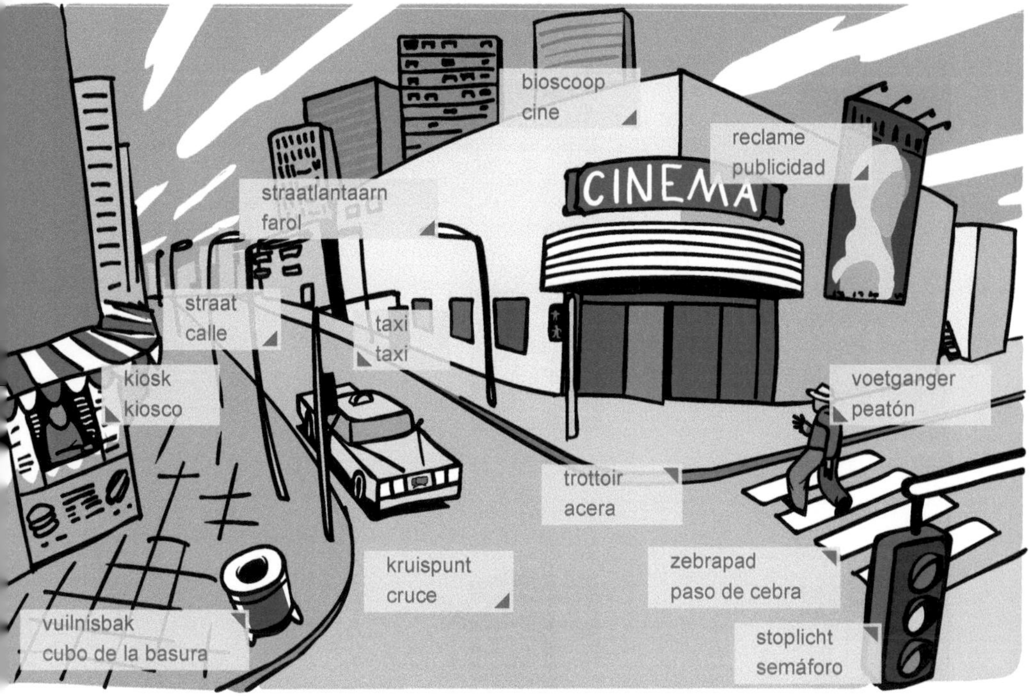
bioscoop
cine
reclame
publicidad
CINEMA
straatlantaarn
farol
straat
calle
taxi
taxi
kiosk
kiosco
voetganger
peatón
trottoir
acera
kruispunt
cruce
zebrapad
paso de cebra
vuilnisbak
cubo de la basura
stoplicht
semáforo

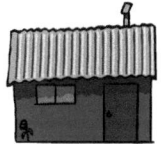

hut

cabaña

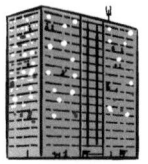

appartement

apartamento

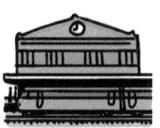

station

estación de tren

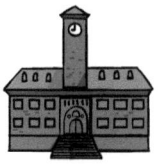

stadhuis

ayuntamiento

MUSEUM

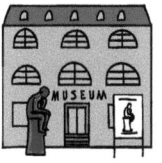

museum

museo

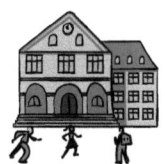

school

escuela

universiteit
universidad

bank
banco

ziekenhuis
hospital

hotel
hotel

apotheek
farmacia

kantoor
oficina

boekenwinkel
librería

winkel
negocio

bloemenwinkel
florería

supermarkt
supermercado

markt
mercado

warenhuis
grandes almacenes

visboer
pescadería

winkelcentrum
centro comercial

haven
puerto

park

parque

bank

banco

brug

puente

trap

escalera

metro

metro

tunnel

túnel

bushalte

parada de autobuses

bar

bar

restaurant

restaurante

brievenbus

buzón de correo

straatnaambord

letrero

parkeermeter

parquímetro

dierentuin

zoológico

zwembad

piscina

moskee

mezquita

boerderij
....
granja

vervuiling
....
polución

begraafplaats
....
cementerio

kerk
....
iglesia

speelplaats
....
parque infantil

tempel
....
templo

landschap
paisaje

blad
hoja

wegwijzer
indicador de camino

weg
sendero

weide
pradera

steen
piedra

boom
árbol

wandelaar
caminante

rivier
río

gras
pasto

bloem
flor

vallei
valle

berg
montaña

meer
lago

bos
bosque

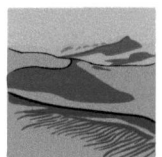

woestijn
desierto

vulkaan
volcán

kasteel
castillo

regenboog
arco iris

paddenstoel
seta

palmboom
palmera

mug
mosquito

vlieg
mosca

mier
hormiga

bij
abeja

spin
araña

landschap - paisaje

kever

escarabajo

kikker

rana

eekhoorn

ardilla

egel

erizo

haas

liebre

uil

lechuza

vogel

pájaro

zwaan

cisne

wild zwijn

jabalí

hert

ciervo

eland

alce

stuwdam

embalse

windmolen

aerogenerador

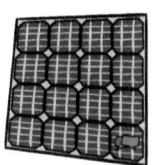

zonnepaneel

módulo solar

klimaat

clima

restaurant
restaurante

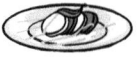

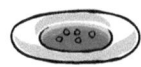

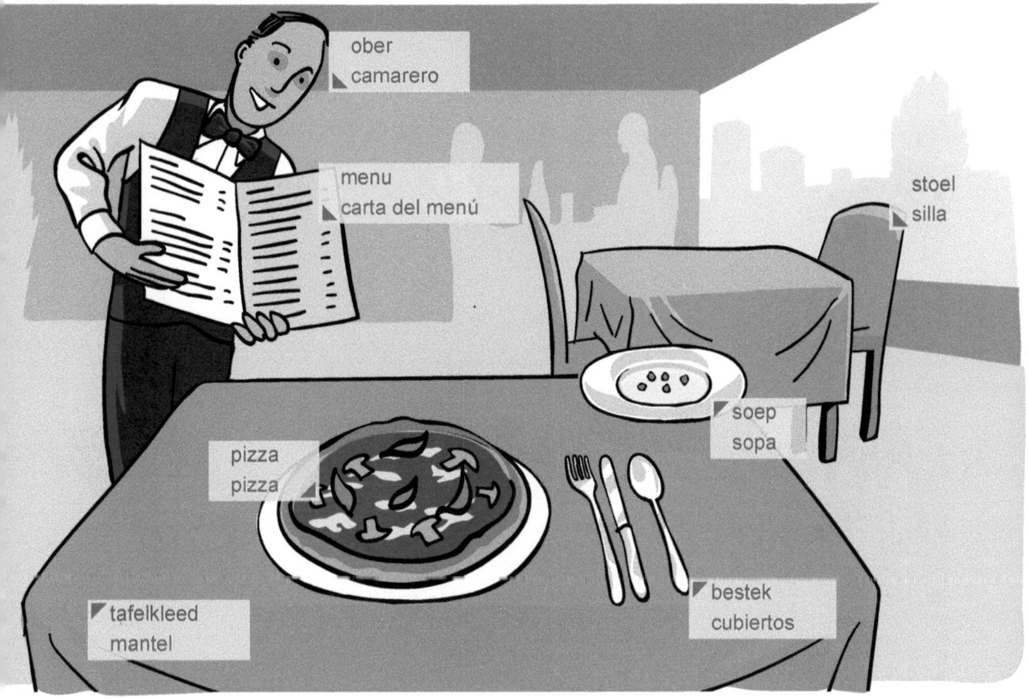
ober
camarero
menu
carta del menú
stoel
silla
soep
sopa
pizza
pizza
bestek
cubiertos
tafelkleed
mantel

voorgerecht
entrada

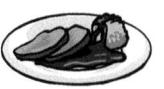

hoofdgerecht
plato principal

toetje
postre

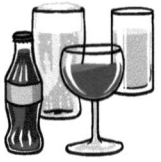

dranken
bebida

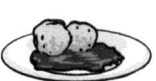

eten
comida

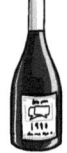

fles
botella

fastfood

comida rápida

eetkraampje

comida callejera

theepot

tetera

suikerpot

azucarera

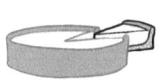

portie

porción

espressomachine

máquina de espresso

kinderstoel

silla alta

rekening

factura

dienblad

bandeja

mes

cuchillo

vork

tenedor

lepel

cuchara

theelepel

cuchara de té

servet

servilleta

glas

vaso

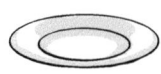

bord
plato

soepbord
plato de sopa

schotel
platillo

saus
salsa

zoutvaatje
salero

pepermolen
molinillo para pimienta

azijn
vinagre

olie
aceite

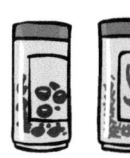

kruiden
especias

ketchup
ketchup

mosterd
mostaza

mayonaise
mayonesa

supermarkt
supermercado

aanbieding
oferta
FOR
klant
cliente
zuivelproducten
productos lácteos
fruit
fruta
winkelwagen
carrito de compras

BUTCHERS

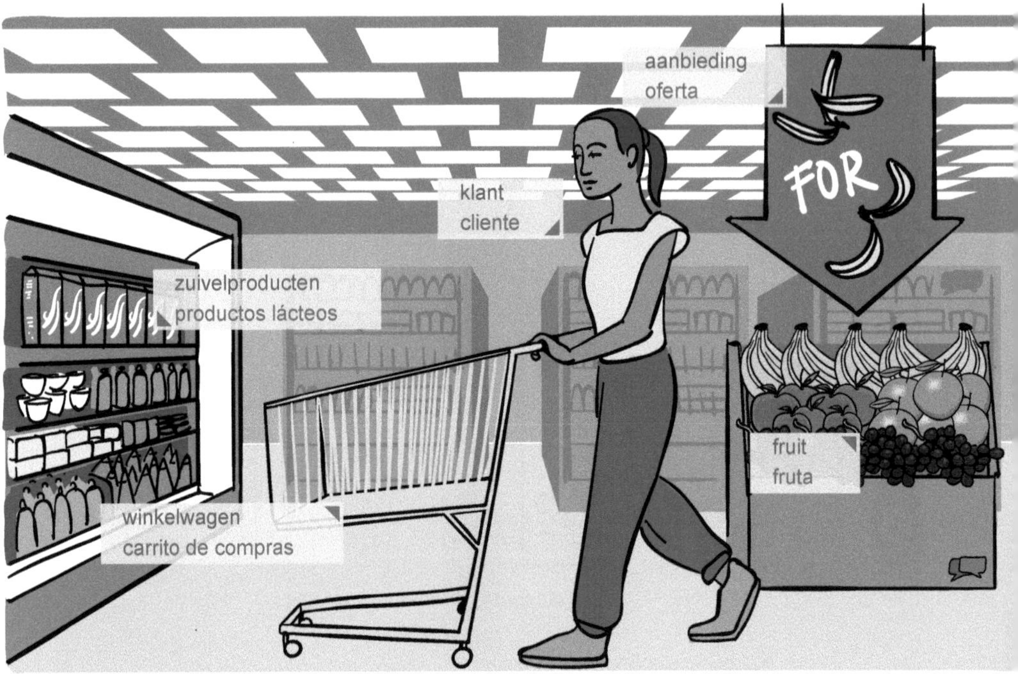

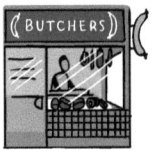

slager

carnicería

BAKERY

bakkerij

panadería

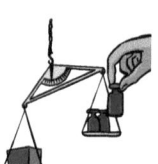

wegen

pesar

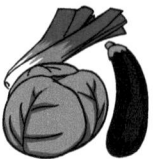

groente

verdura

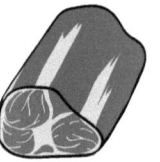

vlees

carne

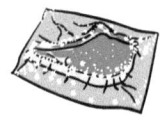

diepvriesproducten

alimentos congelados

vleeswaren

fiambre

conserven

conservas

wasmiddel

detergente en polvo

snoepgoed

dulces

huishoudelijke artikelen

artículos domésticos

schoonmaakmiddel

productos de limpieza

verkoopster

vendedora

kassa

caja

kassier

cajero

boodschappenlijstje

lista de compras

openingstijden

horario de atención

portefeuille

cartera

creditkaart

tarjeta de crédito

tas

maleta

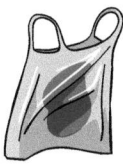

plastic zak

bolsa plástica

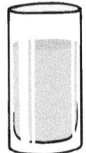

water

agua

sap

jugo

melk

leche

cola

refresco de cola

wijn

vino

bier

cerveza

alcohol

alcohol

chocolademelk

cacao

thee

té

koffie

café

espresso

espresso

cappuccino

cappuccino

banaan

banana

appel

manzana

sinaasappel

naranja

watermeloen

sandía

citroen

limón

wortel

zanahoria

knoflook

ajo

bamboe

bambú

ui

cebolla

paddenstoel

seta

noten

nueces

pasta

fideos

spaghetti

espagueti

rijst

arroz

salade

ensalada

friet

patatas fritas

gebakken aardappelen

patatas salteadas

pizza

pizza

hamburger

hamburguesa

sandwich

sándwich

schnitzel

escalope

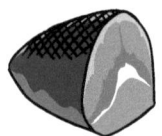

ham

jamón

salami

salame

worst

embutido

kip

pollo

gebraad

asado

vis

pescado

havermout
copos de avena

muesli
musli

cornflakes
copos de maíz tostado

meel
harina

croissant
croissant

broodjes
panecillo

brood
pan

toast
tostada

koekjes
galletas

boter
mantequilla

kwark
cuajada

taart
pastel

ei
huevo

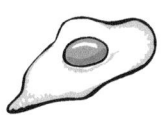

gebakken ei
huevo frito

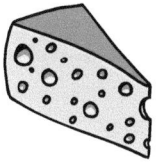

kaas
queso

ijs

helado

suiker

azúcar

honing

miel

jam

mermelada

chocoladepasta

praliné

kerrie

curry

eten - comida

boerderij
granja

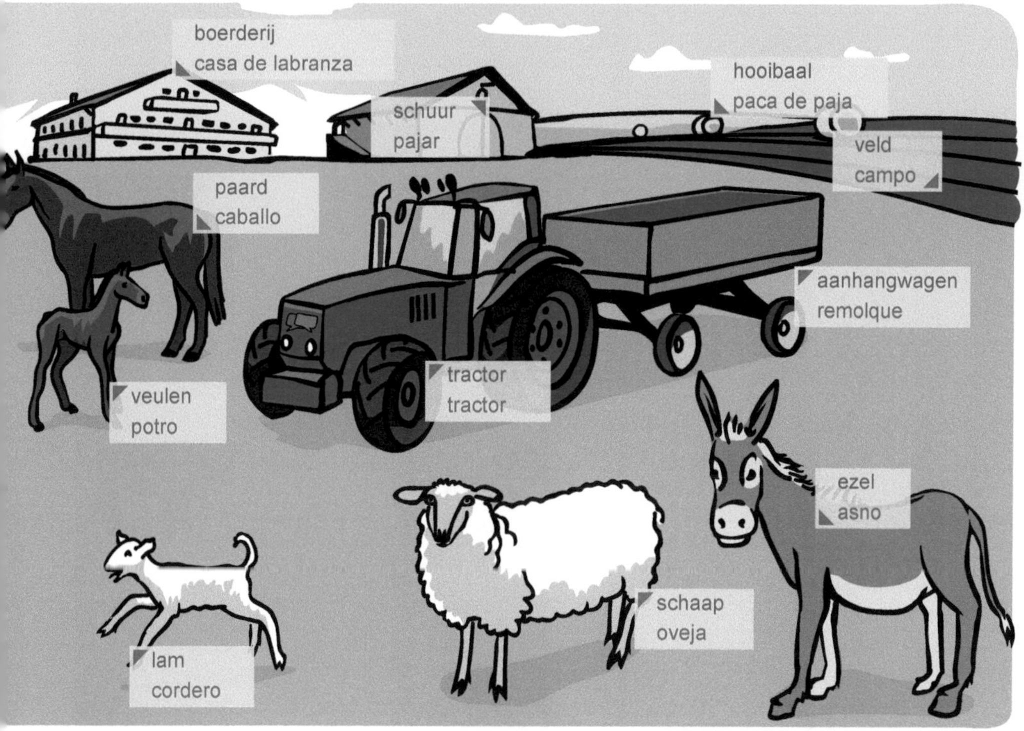
boerderij
casa de labranza
schuur
pajar
hooibaal
paca de paja
veld
campo
paard
caballo
aanhangwagen
remolque
tractor
tractor
veulen
potro
ezel
asno
schaap
oveja
lam
cordero

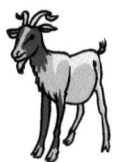

geit

cabra

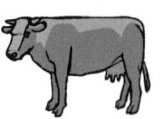

koe

vaca

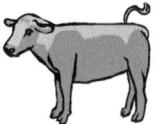

kalf

ternero

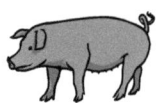

varken

cerdo

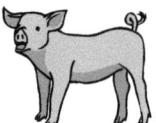

big

lechón

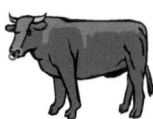

stier

toro

gans
ganso

eend
pato

kuiken
polluelo

kip
pollo

haan
gallo

rat
rata

kat
gato

muis
ratón

os
buey

hond
perro

hondenhok
caseta del perro

tuinslang
manguera de riego

gieter
regadera

zeis
guadaña

ploeg
arado

sikkel	schoffel	hooivork
hoz	azada	bieldo

bijl	kruiwagen	trog
hacha	carretilla	abrevadero

melkbus	zak	hek
lechera	saco	cerca
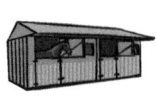	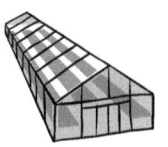	
stal	broeikas	grond
establo	invernadero	suelo

zaad	mest	maaidorser
semilla	fertilizante	cosechadora

oogsten

cosechar

oogst

cosecha

yam

raíz de ñame

tarwe

trigo

soja

soja

aardappel

patata

maïs

maíz

koolzaad

colza

fruitboom

Árbol frutal

maniok

mandioca

granen

cereales

huis
casa

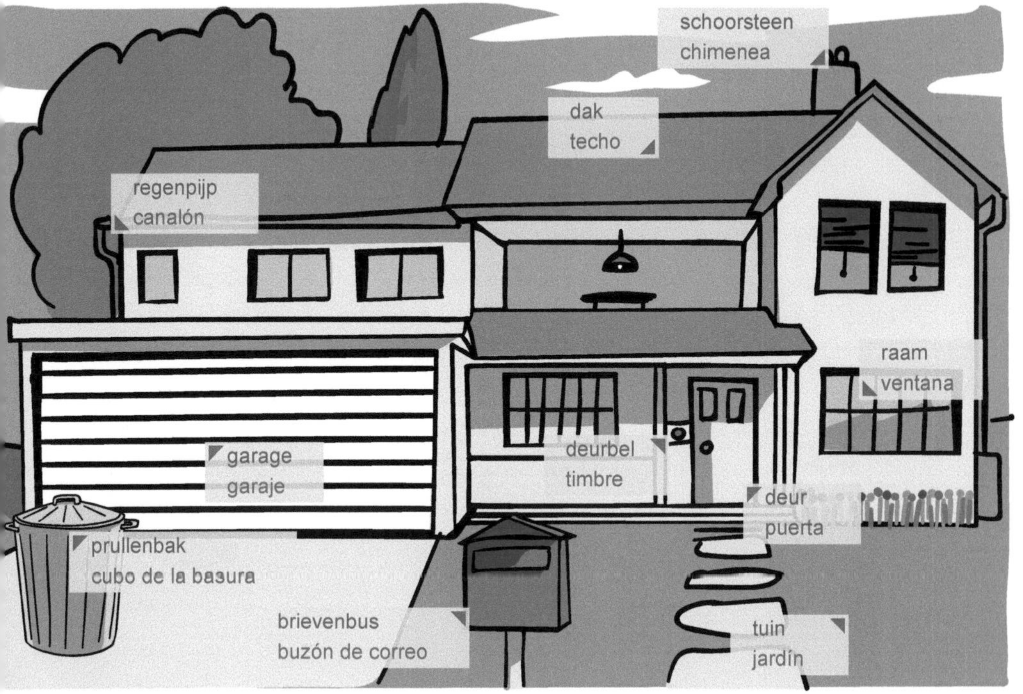

schoorsteen
chimenea
dak
techo
regenpijp
canalón
raam
ventana
garage
garaje
deurbel
timbre
deur
puerta
prullenbak
cubo de la basura
brievenbus
buzón de correo
tuin
jardín

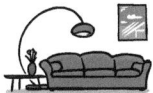

woonkamer
cuarto de estar

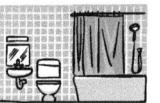

badkamer
cuarto de baño

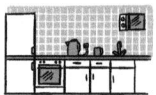

keuken
cocina

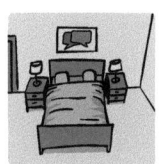

slaapkamer
dormitorio

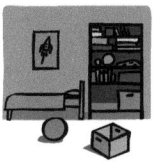

kinderkamer
cuarto de los niños

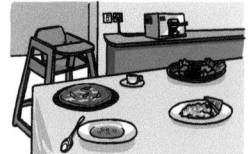

eetkamer
comedor

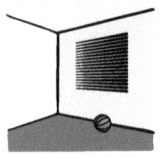

vloer

piso

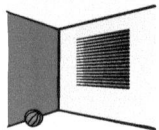

muur

pared

plafond

cielorraso

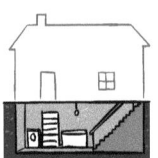

kelder

sótano

sauna

sauna

balkon

balcón

terras

terraza

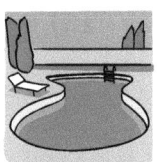

zwembad

piscina

grasmaaier

cortacésped

laken

funda nórdica

bedsprei

edredón

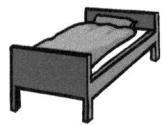

bed

cama

bezem

escoba

emmer

cubo

schakelaar

interruptor

woonkamer
cuarto de estar

behang
papel para empapelar
foto
imagen
lamp
lámpara
plank
estante
kast
gabinete
televisie
televisor
open haard
hogar
bloem
flor
kussen
cojín
bankstel
sofá
vaas
florero
afstandsbediening
control remoto

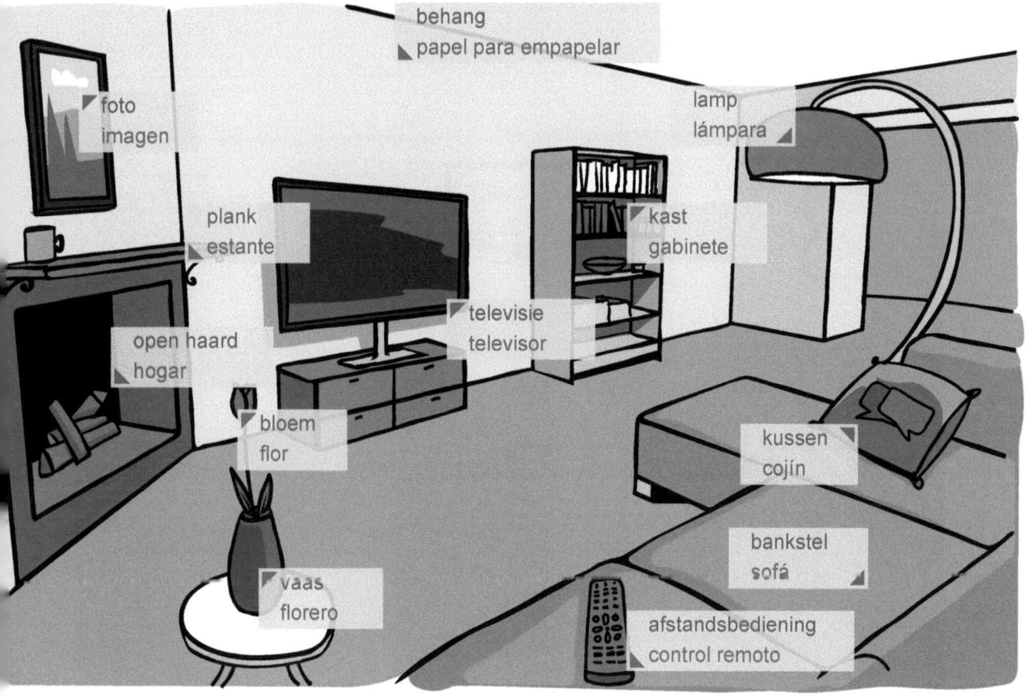

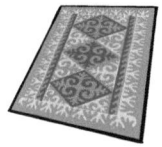

tapijt

alfombra

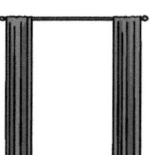

gordijn

cortina

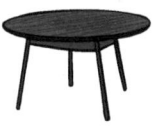

tafel

mesa

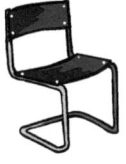

stoel

silla

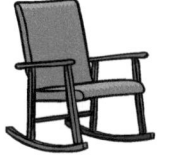

schommelstoel

mecedora

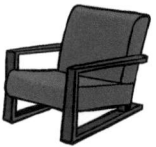

stoel

sillón

boek
....
libro

deken
....
frazada

decoratie
....
decoración

brandhout
....
leña

film
....
film

stereo-installatie
....
equipo estereofónico

sleutel
....
llave

krant
....
periódico

schilderij
....
cuadro

poster
....
póster

radio
....
radio

kladblok
....
bloc de notas

stofzuiger
....
aspiradora

cactus
....
cactus

kaars
....
vela

keuken
cocina

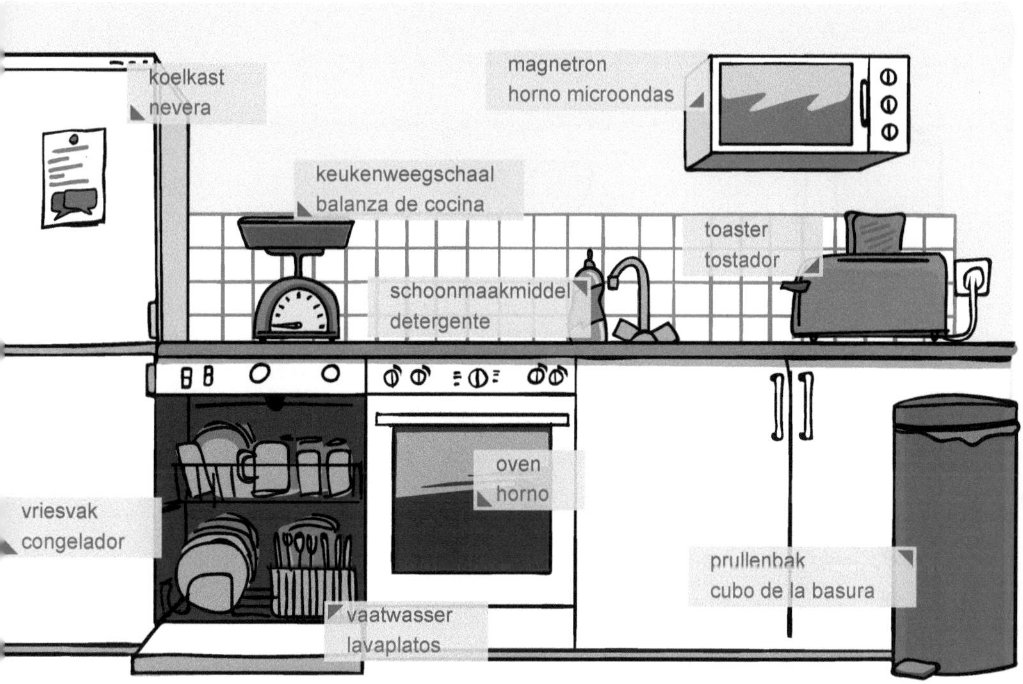
koelkast
nevera
magnetron
horno microondas
keukenweegschaal
balanza de cocina
toaster
tostador
schoonmaakmiddel
detergente
oven
horno
vriesvak
congelador
prullenbak
cubo de la basura
vaatwasser
lavaplatos

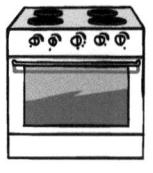

fornuis

cocina

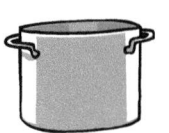

pan

olla

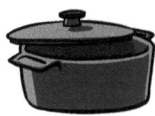

gietijzeren pan

olla de fundición de hierro

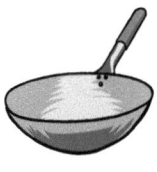

wok / kadai

wok / kadai

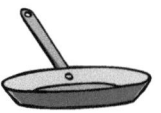

koekenpan

sartén

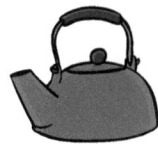

ketel

hervidor de agua

stoomkoker
olla de vapor

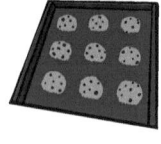

bakplaat
bandeja de horno

servies
vajilla

beker
vaso

kom
bol

eetstokjes
palillos para comer

soeplepel
cucharón de sopa

spatel
espátula

garde
batidor

vergiet
colador

zeef
cedazo

rasp
rallador

vijzel
mortero

barbecue
parrillada

vuurhaard
fogata

snijplank

tabla de picar

deegroller

rodillo

kurkentrekker

sacacorchos

blik

lata

blikopener

abrelatas

pannenlap

agarrador

wasbak

fregadero

borstel

cepillo

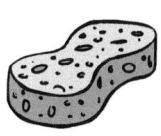

spons

esponja

blender

batidora

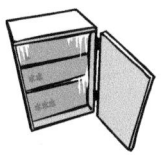

vriezer

arcón congelador

babyflesje

biberón

kraan

grifo

keuken - cocina

badkamer
cuarto de baño

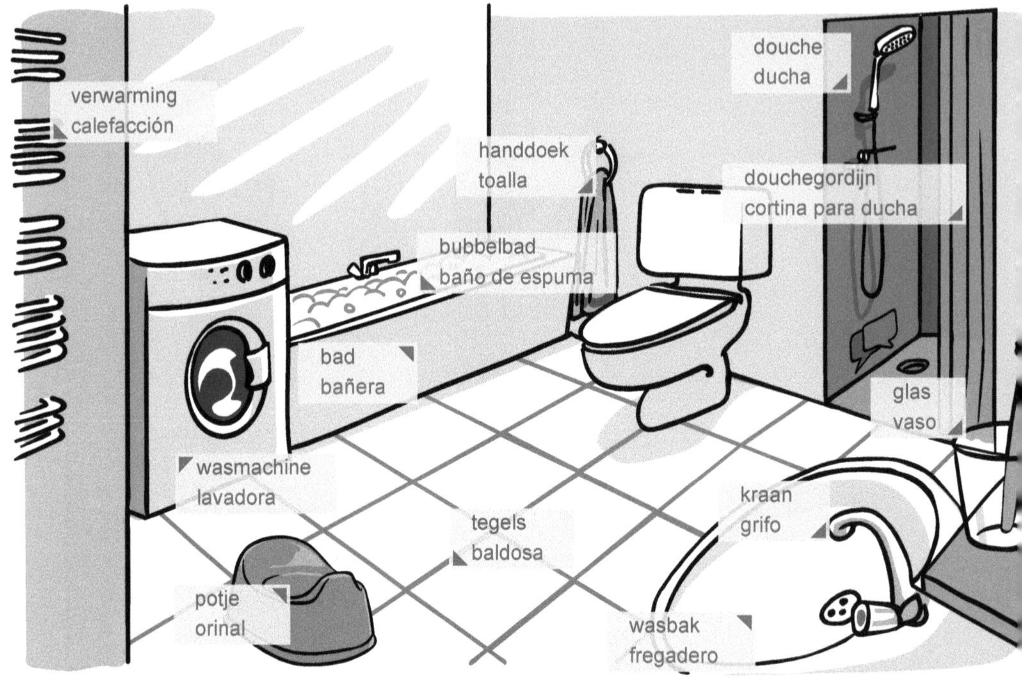
verwarming
calefacción
douche
ducha
handdoek
toalla
douchegordijn
cortina para ducha
bubbelbad
baño de espuma
bad
bañera
glas
vaso
wasmachine
lavadora
kraan
grifo
tegels
baldosa
potje
orinal
wasbak
fregadero

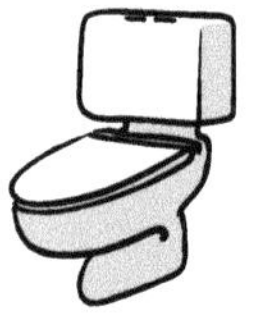

toilet

cuarto de baño

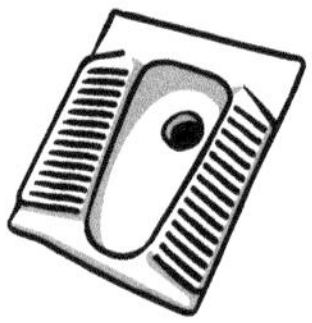

hurktoilet

placa turca

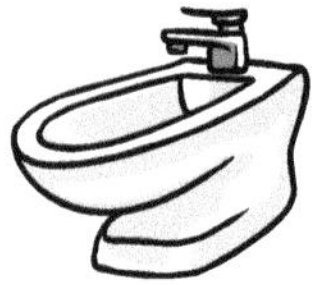

bidet

bidé

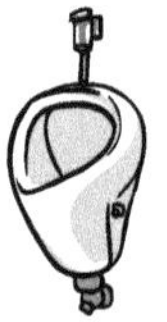

urinoir

urinario

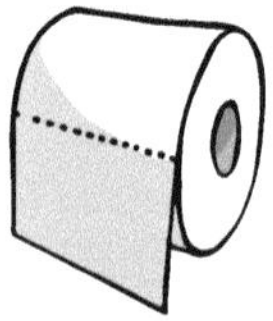

toiletpapier

papel higiénico

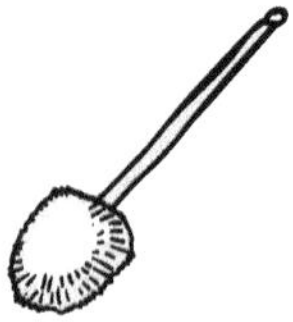

toiletborstel

escobilla para el cuarto de baño

tandenborstel

cepillo de dientes

tandpasta

pasta dentífrica

flosdraad

seda dental

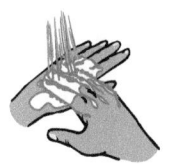

wassen

lavar

handdouche

ducha teléfono

toiletdouche

ducha higiénica

waskom

cuenco

rugborstel

cepillo para la espalda

zeep

jabón

douchegel

gel de ducha

shampoo

champú

washanje

manopla para baño

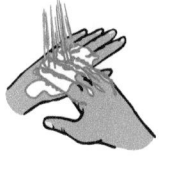

afvoer

desagüe

creme

crema

deodorant

desodorante

spiegel

espejo

make-upspiegel

espejo de maquillaje

scheermes

máquina de afeitar

scheerschuim

espuma de afeitar

aftershave

loción para después del afeitado

kam

peine

borstel

cepillo

haardroger

secador para cabello

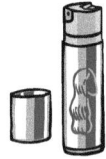

haarspray

laca de peinado

make-up

maquillaje

lippenstift

lápiz labial

nagellak

laca para uñas

watten

algodón

nagelschaartje

tijera para uñas

parfum

perfume

toilettas

neceser

kruk

taburete

weegschaal

balanza

badjas

bata de baño

rubber handschoenen

guantes de goma

tampon

tampón

maandverband

compresa

chemisch toilet

wáter químico

kinderkamer
cuarto de los niños

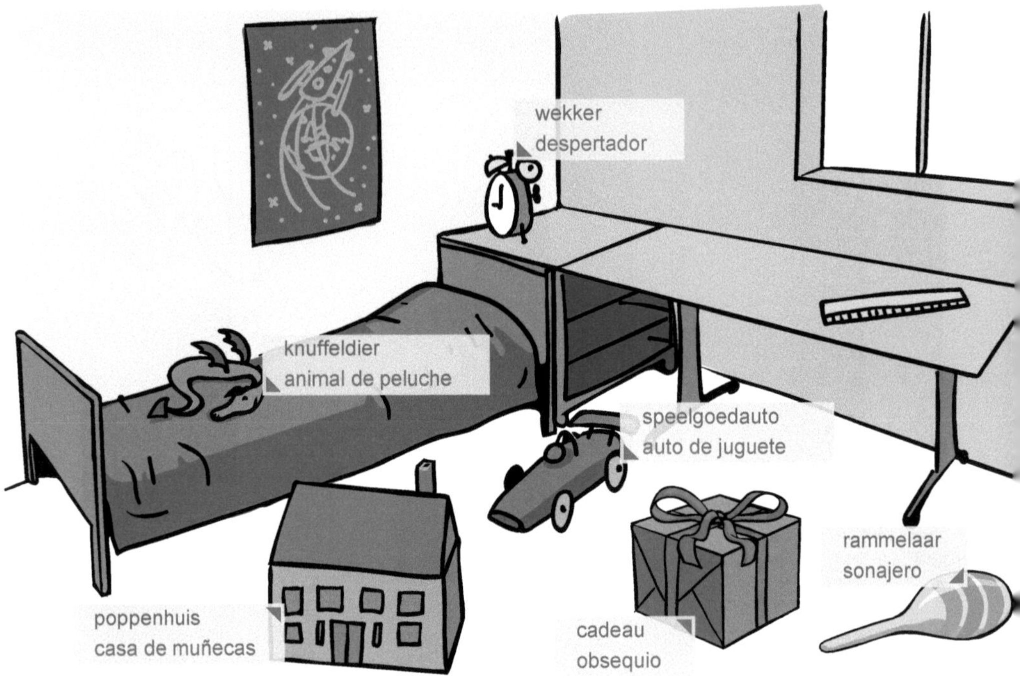

wekker
despertador
knuffeldier
animal de peluche
speelgoedauto
auto de juguete
rammelaar
sonajero
poppenhuis
casa de muñecas
cadeau
obsequio

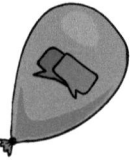

ballon
globo

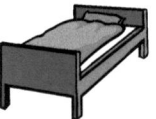

bed
cama

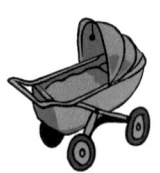

kinderwagen
cochecito para niños

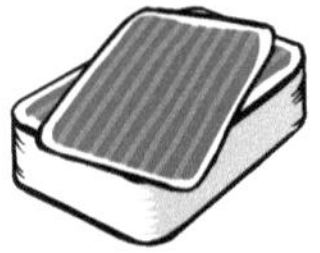

kaartspel
juego de barajas

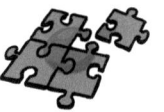

puzzel
rompecabezas

stripverhaal
cómic

legostenen

piezas de Lego

speelgoedblokken

bloques para jugar

actiefiguurtje

figura de acción

romper

pijama de una pieza

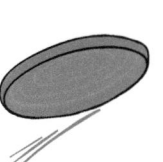

frisbee

frisbee

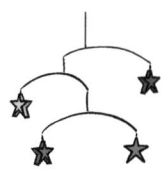

mobile

móvil

bordspel

juego de mesa

dobbelsteen

dado

modeltrein

tren eléctrico a escala

speen

chupete

feestje

fiesta

prentenboek

libro de dibujos

bal

pelota

pop

títere

spelen

jugar

zandbak

arenero

schommel

columpio

speelgoed

juguetes

spelcomputer

consola de videojuego

driewieler

triciclo

teddybeer

osito de peluche

kleerkast

guardarropa

kleding

vestimenta

sokken

calcetines

kousen

medias

panty

panti

sjaal
chal

paraplu
paraguas

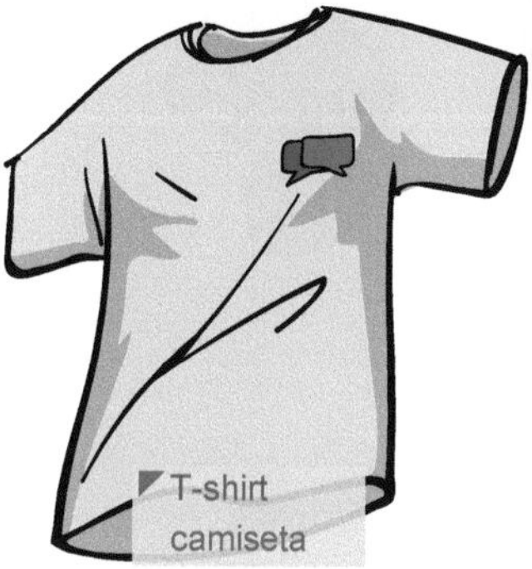

T-shirt
camiseta

riem
cinturón

laarzen
botas

pantoffels
zapatilla

sportschoenen
deportivas

sandalen
....
sandalias

schoenen
....
zapatos

rubberlaarzen
....
botas de goma

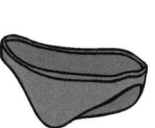

onderbroek
....
ropa interior

beha
....
corpiño

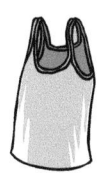

onderhemd
....
camiseta

body
body

broek
pantalón

spijkerbroek
jeans

rok
falda

blouse
blusa

overhemd
camisa

trui
pullover

hoody
sweater

blazer
blazer

jas
chaqueta

mantel
abrigo

regenjas
impermeable

kostuum
traje chaqueta

jurk
vestido

trouwjurk
vestido de bodas

pak
traje

nachthemd
camisón

pyjama
pijama

sari
sari

hoofddoek
pañuelo de cabeza

tulband
turbante

boerka
burka

kaftan
caftán

abaja
abaya

zwempak
traje de baño

zwembroek
bañador

korte broek
shorts

trainingspak
chándal

schort
delantal

handschoenen
guante

knoop

botón

bril

gafa

armband

brazalete

ketting

cadena

ring

anillo

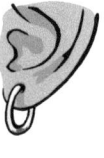

oorbel

aro

pet

gorra

kledinghanger

percha

hoed

sombrero

stropdas

corbata

rits

cierre a cremallera

helm

casco

bretels

tiradores

schooluniform

uniforme escolar

uniform

uniforme

kleding - vestimenta

slabbetje
babero

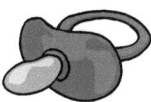

speen
chupete

luier
pañal

kantoor
oficina

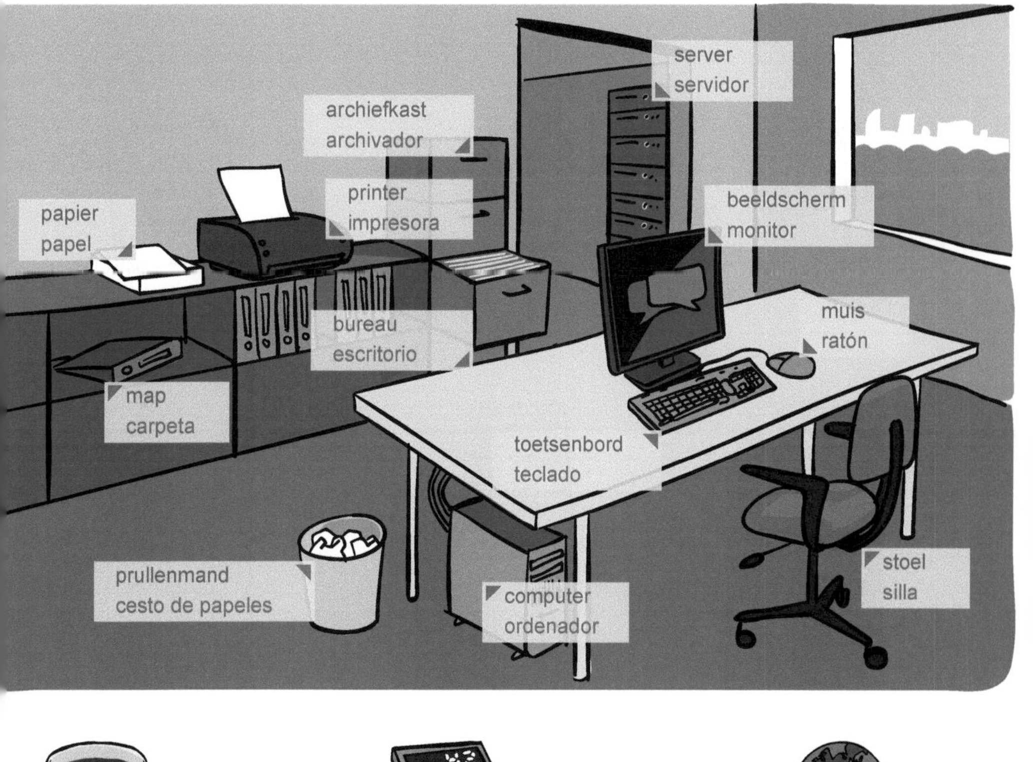

server
servidor

archiefkast
archivador

printer
impresora

papier
papel

beeldscherm
monitor

bureau
escritorio

muis
ratón

map
carpeta

toetsenbord
teclado

prullenmand
cesto de papeles

stoel
silla

computer
ordenador

koffiemok
taza de café

rekenmachine
calculadora

internet
internet

laptop

laptop

brief

carta

bericht

mensaje

mobiele telefoon

teléfono móvil

netwerk

red

kopieermachine

fotocopiadora

software

software

telefoon

teléfono

stopcontact

tomacorriente

fax

máquina de fax

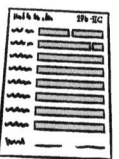

formulier

formulario

document

documento

kopen
comprar

betalen
pagar

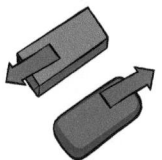

handel drijven
comerciar

geld
dinero

dollar
dólar

euro
euro

yen
yen

roebel
rublo

Zwitserse frank
franco

renminbi yuan
renminbi

roepie
rupia

geldautomaat
cajero automático

wisselkantoor

casa de cambio

goud

oro

zilver

plata

olie

petróleo

energie

energía

prijs

precio

contract

contrato

belasting

impuesto

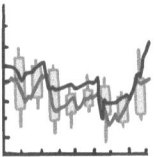

aandeel

acción

werken

trabajar

werknemer

empleado

werkgever

empleador

fabriek

fábrica

winkel

negocio

economie - economía

politieagent
policía

brandweerman
bombero

kok
cocinero

dokter
médico

piloot
piloto

tuinman

jardinero

timmerman

carpintero

naaister

costurera

rechter

juez

scheikundige

químico

toneelspeler

actor

buschauffeur

conductor de autobús

taxichauffeur

taxista

visser

pescador

schoonmaakster

mujer de la limpieza

dakdekker

techista

ober

camarero

jager

cazador

schilder

pintor

bakker

panadero

elektricien

electricista

bouwvakker

albañil

ingenieur

ingeniero

slager

carnicero

loodgieter

fontanero

postbode

cartero

soldaat

soldado

architect

arquitecto

kassier

cajero

bloemist

florista

kapper

peluquero

conducteur

cobrador

monteur

mecánico

kapitein

capitán

tandarts

odontólogo

wetenschapper

científico

rabbi

rabino

imam

imam

monnik

monje

pastoor

párroco

gereedschap
herramientas

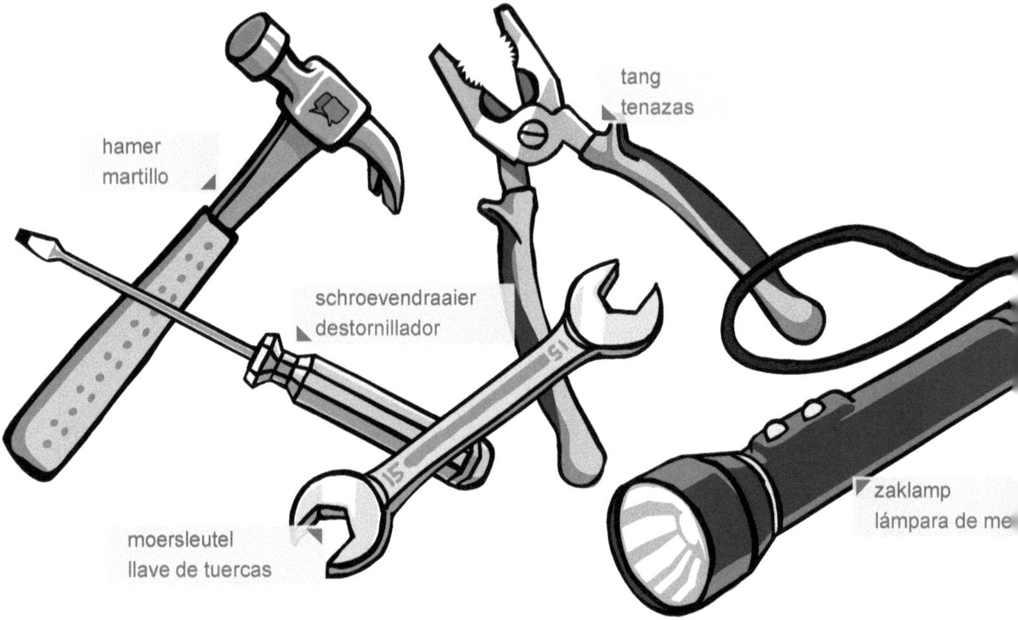

tang
tenazas
hamer
martillo
schroevendraaier
destornillador
zaklamp
lámpara de me
moersleutel
llave de tuercas

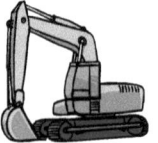

graafmachine

excavadora

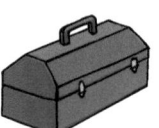

gereedschapskist

caja de herramientas

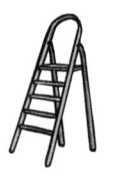

ladder

escalerilla

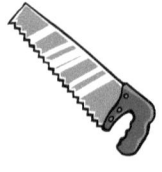

zaag

serrucho

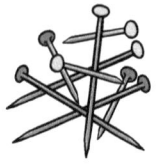

spijkers

clavos

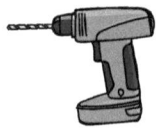

boor

taladro

repareren
....
reparar

schep
....
pala

Verdorie!
....
¡Maldición!

stofblik
....
recogedor

verfpot
....
lata de pintura

schroeven
....
tornillos

muziekinstrumenten
instrumentos musicales

luidspreker
altavoz

drumstel
batería

contrabas
contrabajo

trompet
trompeta

gitaar
guitarra

piano
piano

viool
violín

bas
bajo

pauk
timbales

trommel
tambor

keyboard
teclado

saxofoon
saxofón

fluit
flauta

microfoon
micrófono

dierentuin
zoológico

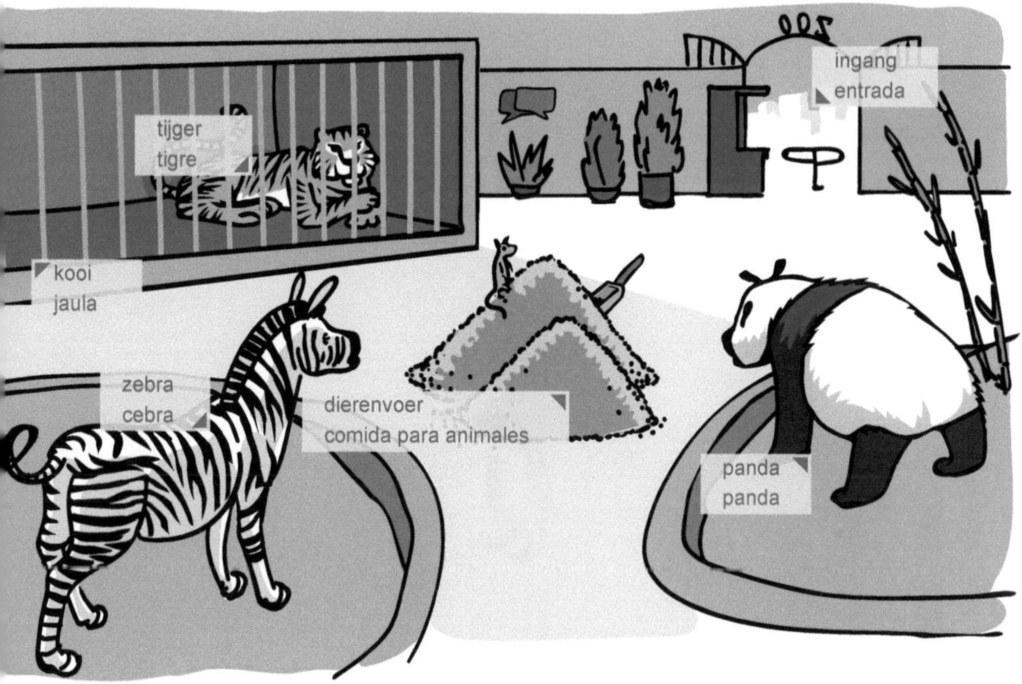
ingang
entrada
tijger
tigre
kooi
jaula
zebra
cebra
dierenvoer
comida para animales
panda
panda

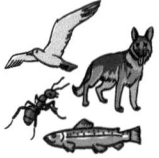

dieren
animales

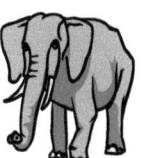

olifant
elefante

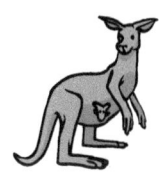

kangoeroe
canguro

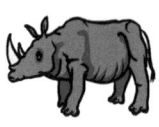

neushoorn
rinoceronte

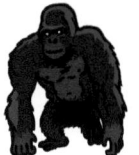

gorilla
gorila

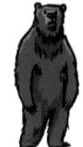

beer
oso

kameel
camello

struisvogel
avestruz

leeuw
león

aap
mono

flamingo
flamengo

papegaai
papagayo

ijsbeer
oso polar

pinguïn
pingüino

haai
tiburón

pauw
pavo real

slang
serpiente

krokodil
cocodrilo

dierenverzorger
cuidador del zoológico

zeehond
foca

jaguar
jaguar

pony
pony

luipaard
leopardo

nijlpaard
hipopótamo

giraffe
jirafa

adelaar
águila

wild zwijn
jabalí

vis
pescado

schildpad
tortuga

walrus
morsa

vos
zorro

gazelle
gacela

American football
fútbol americano

wielrennen
ciclismo

tennis
tenis

basketbal
baloncesto

zwemmen
natación

boksen
boxeo

ijshockey
hockey sobre hielo

voetbal
fútbol

badminton
badminton

atletiek
atletismo

handbal
balonmano

skiën
esquí

polo
polo

activiteiten
actividades

lachen
reír
springen
saltar
knuffelen
abrazar
lopen
caminar
zingen
cantar
dromen
soñar
bidden
rezar
kussen
besar

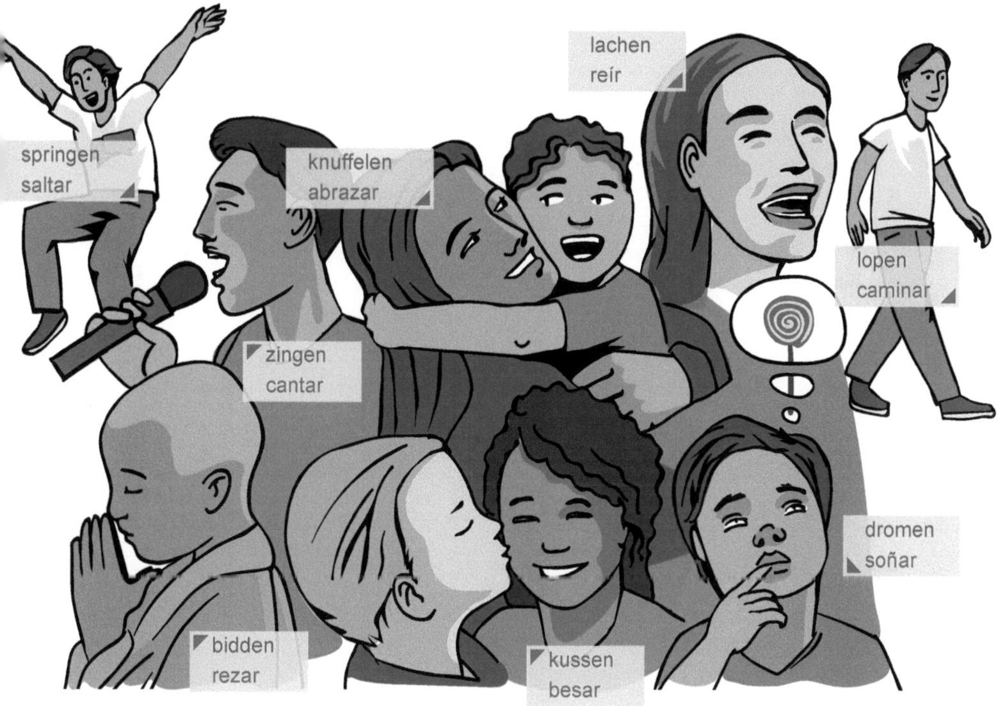

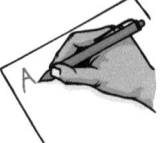

schrijven
escribir

tekenen
dibujar

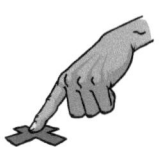

tonen
mostrar

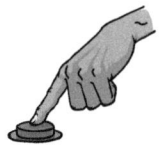

duwen
presionar

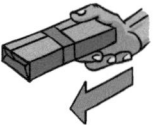

geven
dar

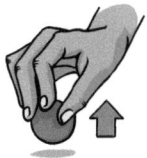

oppakken
tomar

hebben
tener

doen
hacer

zijn
ser

staan
estar de pie

rennen
correr

trekken
tirar

gooien
arrojar

vallen
caer

liggen
estar acostado

wachten
esperar

dragen
llevar

zitten
estar sentado

aankleden
vestirse

slapen
dormir

wakker worden
despertar

bekijken

mirar

huilen

llorar

strelen

acariciar

kammen

peinarse

praten

conversar

begrijpen

entender

vragen

preguntar

horen

oír

drinken

beber

eten

comer

opruimen

asear

houden van

amar

koken

cocinar

rijden

conducir

vliegen

volar

zeilen

navegar

rekenen

calcular

lezen

leer

leren

aprender

werken

trabajar

trouwen

casarse

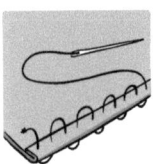

naaien

coser

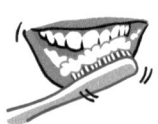

tandenpoetsen

limpiarse los dientes

doden

matar

roken

fumar

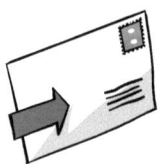

verzenden

enviar

activiteiten - actividades

grootmoeder
abuela

grootvader
abuelo

vader
padre

moeder
madre

baby
bebé

dochter
hija

zoon
hijo

gast

invitado

tante

tía

oom

tío

broer

hermano

zus

hermana

lichaam
cuerpo

voorhoofd
frente
oog
ojo
schouder
hombro
vinger
dedo
gezicht
cara
kin
barbilla
hand
mano
been
pierna
borst
pecho
arm
brazo

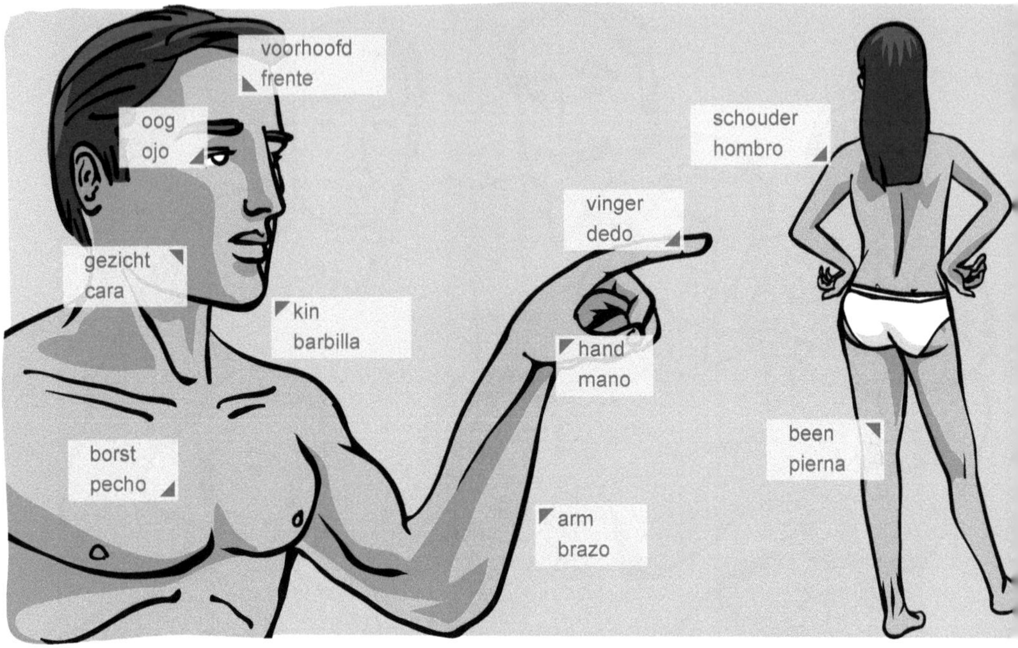

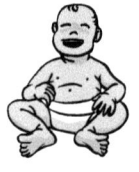

baby
bebé

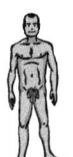

man
hombre

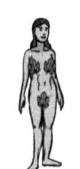

vrouw
mujer

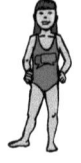

meisje
muchacha

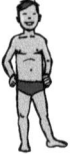

jongen
joven

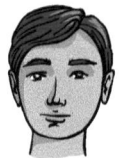

hoofd
cabeza

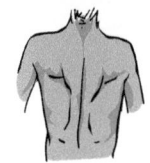

rug
espalda

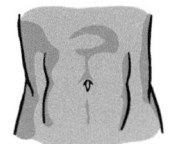

buik
vientre

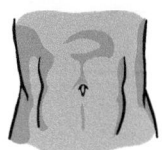

navel
ombligo

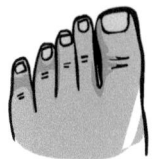

teen
dedo del pie

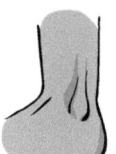

hiel
talón

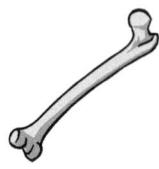

bot
hueso

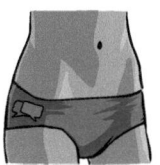

heup
cadera

knie
rodilla

elleboog
codo

neus
nariz

achterwerk
trasero

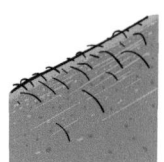

huid
piel

wang
mejilla

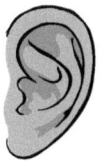

oor
oreja

lippen
labio

lichaam - cuerpo

mond
boca

tand
diente

tong
lengua

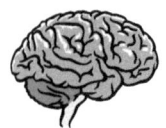

hersenen
cerebro

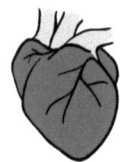

hart
corazón

spier
músculo

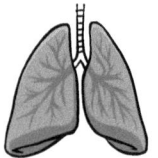

long
pulmón

lever
hígado

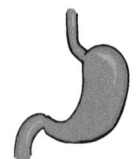

maag
estómago

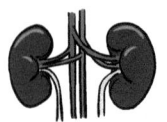

nieren
riñones

geslachtsgemeenschap
relación sexual

condoom
condón

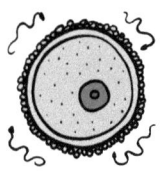

eicel
Óvulo

sperma
esperma

zwangerschap
embarazo

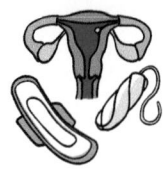

menstruatie

menstruación

vagina

vagina

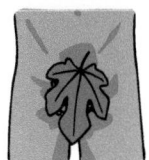

penis

pene

wenkbrauw

ceja

haar

cabello

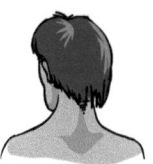

hals

cuello

ziekenhuis

hospital

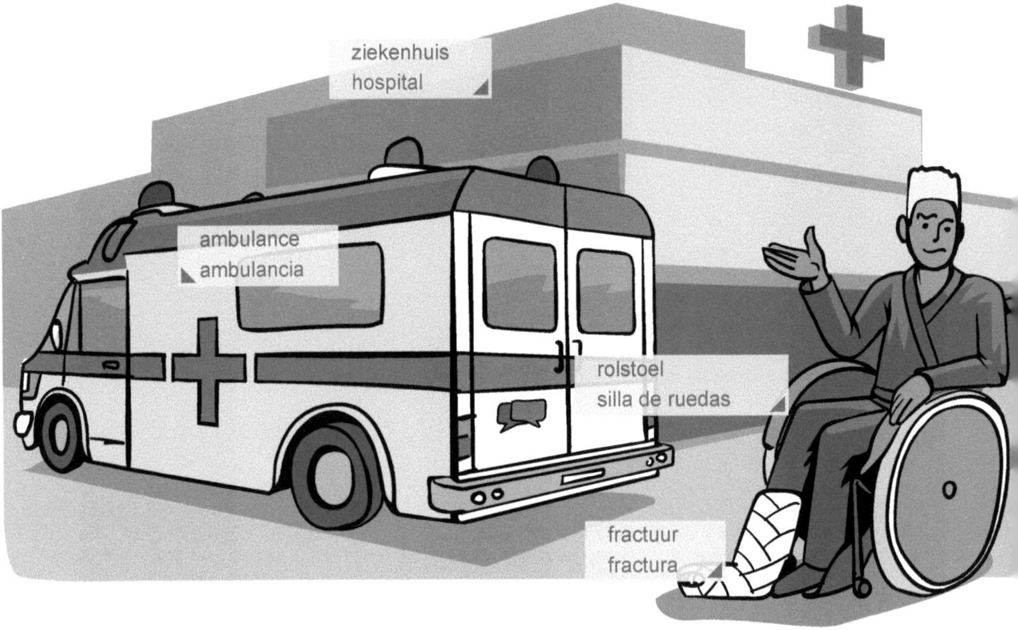

ziekenhuis
hospital
ambulance
ambulancia
rolstoel
silla de ruedas
fractuur
fractura

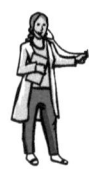

dokter

médico

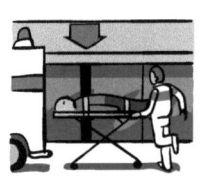

EHBO

admisión de urgencia

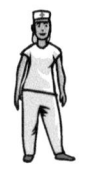

verpleegster

enfermera

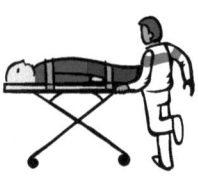

noodgeval

emergencia

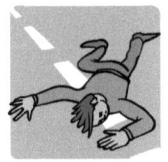

bewusteloos

inconsciente

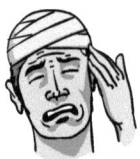

pijn

dolor

verwonding
lesión

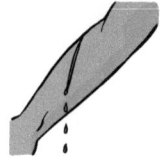

bloeding
hemorragia

hartaanval
infarto de miocardio

beroerte
apoplejía cerebral

allergie
alergia

hoest
tos

koorts
fiebre

griep
gripe

diarree
diarrea

hoofdpijn
dolor de cabeza

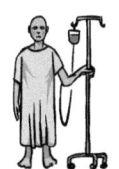

kanker
cáncer

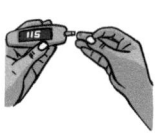

diabetes
diabetes

chirurg
cirujano

scalpel
escalpelo

operatie
operación

CT

TC

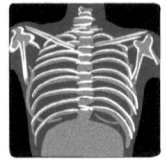

röntgen

rayos X

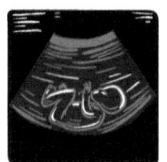

echografie

ultrasonido

gezichtsmasker

máscara

ziekte

enfermedad

wachtkamer

sala de espera

kruk

muleta

pleister

emplasto

verband

vendaje

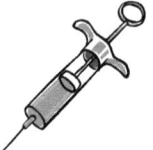

injectie

inyección

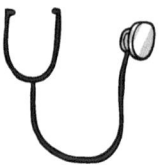

stethoscoop

estetoscopio

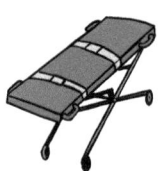

brancard

camilla

thermometer

termómetro

geboorte

nacimiento

overgewicht

sobrepeso

gehoorapparaat
audífono

ontsmettingsmiddel
desinfectante

infectie
infección

virus
virus

HIV / AIDS
VIH / SIDA

medicijn
medicina

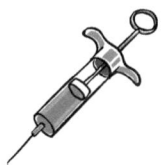

inenting
vacunación

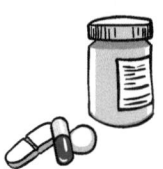

tabletten
comprimido

pil
píldora anticonceptiva

alarmnummer
llamada de emergencia

bloeddrukmeter
medidor de presión arterial

ziek / gezond
enfermo / saludable

Help!

¡Ayuda!

alarm

alarma

overval

asalto

aanval

ataque

gevaar

peligro

nooduitgang

salida de emergencia

Brand!

¡Fuego!

brandblusser

extintor

ongeluk

accidente

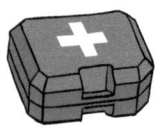

EHBO-koffer

kit de primeros auxilios

SOS

SOS

politie

Policía

Europa

Europa

Noord-Amerika

América del Norte

Zuid-Amerika

América del Sur

Afrika

África

Azië

Asia

Australië

Australia

Atlantische Oceaan

Atlántico

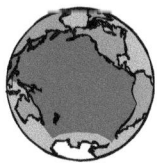

Stille Oceaan

Pacífico

Indische Oceaan

Océano Índico

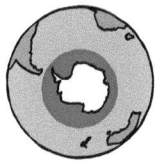

Zuidelijke Oceaan

Océano Antártico

Noordelijke IJszee

Océano Ártico

Noordpool

Polo Norte

Zuidpool

Polo Sur

Antarctica

Antártida

aarde

Tierra

land

país

zee

mar

eiland

isla

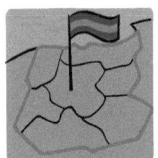

natie

nación

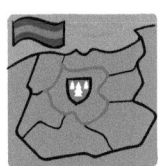

staat

Estado

wijzerplaat

cuadrante

uurwijzer

horario

minutenwijzer

minutero

secondewijzer

segundero

Hoe laat is het?

¿Qué hora es?

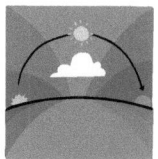

dag

día

tijd

tiempo

nu

ahora

digitaal horloge

reloj digital

minuut

minuto

uur

hora

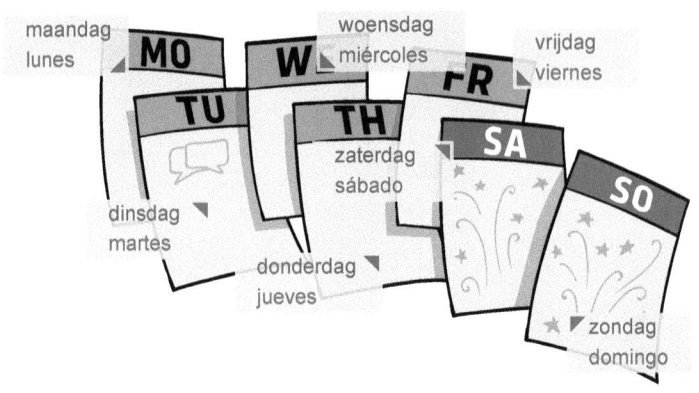

maandag / lunes
dinsdag / martes
woensdag / miércoles
donderdag / jueves
vrijdag / viernes
zaterdag / sábado
zondag / domingo

gisteren
ayer

vandaag
hoy

morgen
mañana

ochtend
mañana

middag
mediodía

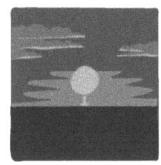

avond
tarde

werkdagen
jornada de trabajo

weekend
fin de semana

regen
lluvia

regenboog
arco iris

wind
viento

sneeuw
nieve

voorjaar
primavera

zomer
verano

herfst
otoño

winter
invierno

4.APRIL	11°	☀
5.APRIL	4°	☂
6.APRIL	13°	☁
7.APRIL	8°	❄
8.APRIL	10°	☀

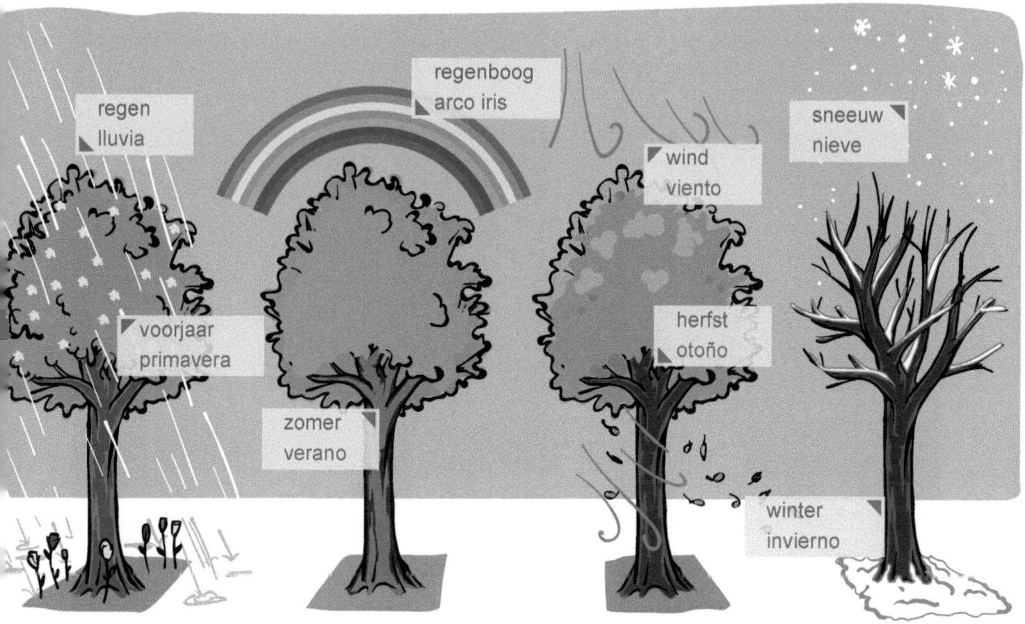

weerbericht
pronóstico meteorológico

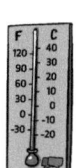

thermometer
termómetro

zonneschijn
luz solar

wolk
nube

mist
niebla

luchtvochtigheid
humedad ambiente

bliksem
....
relámpago

donder
....
trueno

storm
....
tormenta

hagel
....
granizo

moesson
....
monzón

overstroming
....
inundación

ijs
....
hielo

januari
....
enero

februari
....
febrero

maart
....
marzo

april
....
abril

mei
....
mayo

juni
....
junio

juli
....
julio

augustus
....
agosto

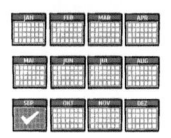

september
....
septiembre

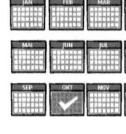

oktober
....
octubre

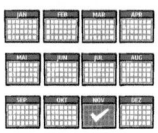

november
....
noviembre

december
....
diciembre

cirkel
....
círculo

vierkant
....
cuadrado

rechthoek
....
rectángulo

driehoek
....
triángulo

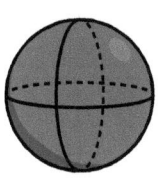

bol
....
esfera

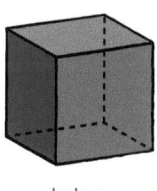

kubus
....
cubo

wit
....
blanco

geel
....
amarillo

oranje
....
anaranjado

roze
....
rosa

rood
....
rojo

paars
....
lila

blauw
....
azul

groen
....
verde

bruin
....
marrón

grijs
....
gris

zwart
....
negro

veel / weinig

mucho / poco

boos / rustig

enojado / calmado

mooi / lelijk

bonito / feo

begin / einde

comienzo / fin

groot / klein

grande / pequeño

licht / donker

claro / oscuro

broer / zus

hermano / hermana

schoon / vies

limpio / sucio

volledig / onvolledig

completo / incompleto

dag/ nacht

día / noche

dood / levend

muerto / vivo

breed / smal

ancho / angosto

eetbaar / oneetbaar

disfrutable / no disfrutable

gemeen / aardig

malo / amigable

opgewonden / verveeld

excitado / aburrido

dik / dun

gordo / delgado

eerste / laatste

primero / último

vriend / vijand

amigo / enemigo

vol / leeg

lleno / vacío

hard / zacht

duro / suave

zwaar / licht

pesado / liviano

honger / dorst

hambre / sed

ziek / gezond

enfermo / saludable

illegaal / legaal

ilegal / legal

intelligent / dom

inteligente / tonto

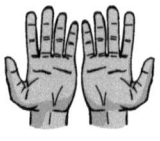

links / rechts

izquierda / derecha

dichtbij / ver

cercano / lejano

nieuw / gebruikt

nuevo / usado

niets / iets

nada / algo

oud / jong

viejo / joven

aan / uit

encendido / apagado

open / gesloten

abierto / cerrado

zacht / luid

bajo / fuerte

rijk / arm

rico / pobre

goed / fout

correcto / incorrecto

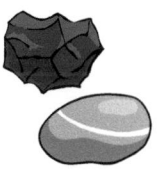

ruw / glad

áspero / liso

verdrietig / gelukkig

triste / alegre

kort / lang

breve / extenso

langzaam / snel

lento / veloz

nat / droog

mojado / seco

warm / koel

caliente / frío

oorlog / vrede

guerra / paz

0

nul

cero

1

één

uno

2

twee

dos

3

drie

tres

4

vier

cuatro

5

vijf

cinco

6

zes

seis

7

zeven

siete

8

acht

ocho

9

negen

nueve

10

tien

diez

11

elf

once

12

twaalf

doce

13

dertien

trece

14

veertien

catorce

15

vijftien

quince

16

zestien

dieciséis

17

zeventien

diecisiete

18

achttien

dieciocho

19

negentien

diecinueve

20

twintig

veinte

100

honderd

cien

1.000

duizend

mil

1.000.000

miljoen

millón

Engels

inglés

Amerikaans Engels

inglés estadounidense

Chinees Mandarijn

chino mandarín

Hindi

hindi

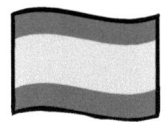

Spaans

español

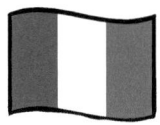

Frans

francés

Arabisch

árabe

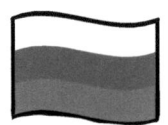

Russisch

ruso

Portugees

portugués

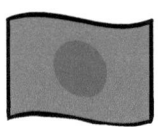

Bengalees

bengalí

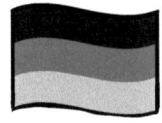

Duits

alemán

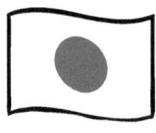

Japans

japonés

ik
yo

jij
tú

hij / zij / het
él / ella

wij
nosotros

jullie
vosotros

zij
ellos

wie?
¿quién?

wat?
¿qué?

hoe?
¿cómo?

waar?
¿dónde?

wanneer?
¿cuándo?

naam
nombre

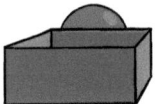

achter

detrás

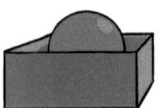

in

en

voor

delante de

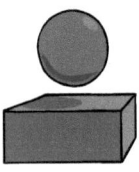

boven

encima de

op

sobre

onder

debajo de

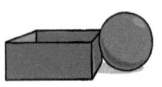

naast

junto a

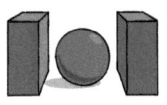

tussen

entre

plaats

lugar